© 2010 Edition bi:libri, München
Schlieker und Koth Verlag für
mehrsprachige Kinderbücher
www.edition-bilibri.de

Text, Illustration und Layout: Sabine Busche
Übersetzung: Dr. Kristy Clark Koth

Printed in Italy
ISBN 978-3-938735-58-9

Sabine Busche

Wie pinkelt eigentlich ein Huhn?
So, How Does a Chicken Pee?

Edition bi:libri

Möchtest du wissen, wer der
beste und berühmteste Maulwurf-Detektiv auf der
ganzen Welt ist? Das ist Sherlock! Er wohnt tief
unten in der Erde und gräbt mit seinen riesigen
Schaufelbaggerhänden irre lange Tunnel in den
Boden. Sherlock hat schon eine Menge heraus-
gefunden: ob Lollies an Bäumen wachsen, warum
Socken in der Waschmaschine verloren gehen und wohin das Licht
verschwindet, wenn man es ausknipst. „Es gibt keine Frage, die ich
nicht lösen kann!", so behauptet er stolz. Jedoch eines Tages...

Do you want to know who the best and most famous mole detective in the
whole world is? It's Sherlock! He lives deep under the ground and digs
unbelievably long tunnels in the dirt with his huge digger-hands. Sherlock
has already discovered lots of things: whether lollipops grow on trees, why
socks get lost in the washing machine and where the light goes when you
turn it off. "There's no question that I can't answer!" he proudly claims.
But then one day...

... kommt der kleine Nils in Sherlocks Arbeitszimmer gerannt. Seine Nase ist vor Aufregung ganz rosa, so rosa wie ein gut durchgekauter Erdbeer-Kaugummi. Er drückt Möhrchen, seinen Stoffhasen, fest an sich. Dann kommt die überraschende Frage: „Weißt du eigentlich, wie ein Huhn Pipi macht? Hebt es ein Bein, so wie Bauer Rudis Hund? Oder setzt es sich in die Hocke, so wie eine Katze?" Sherlock grübelt so lange, bis sich die vier Haare auf seinem Kopf kringeln. „Hmm! Weiß der Kuckuck! – Aber ich schwöre, ich werde es herausfinden!"

...little Neil runs into Sherlock's office. His nose is all pink with excitement, as pink as a well-chewed piece of strawberry bubble-gum. He holds Carrot, his stuffed rabbit, tight in his arms. And then he asks that surprising question: "So, do you know how chickens go pee? Do they raise one leg, like Farmer Rudy's dog? Or do they squat down like a cat?" Sherlock ponders the question so long that the four hairs on his head begin to curl. "Hmm. I don't have the slightest idea! But I swear, I'm going to find out!"

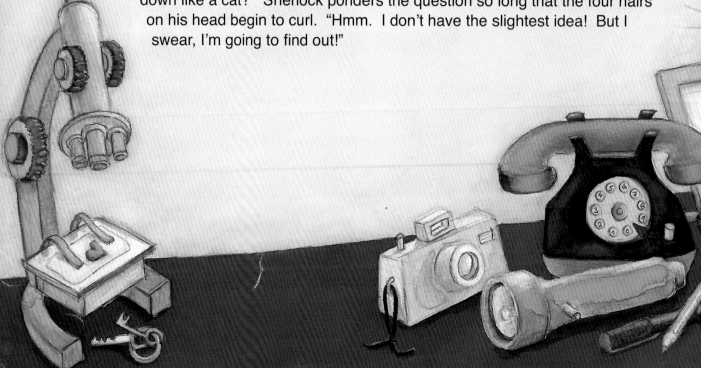

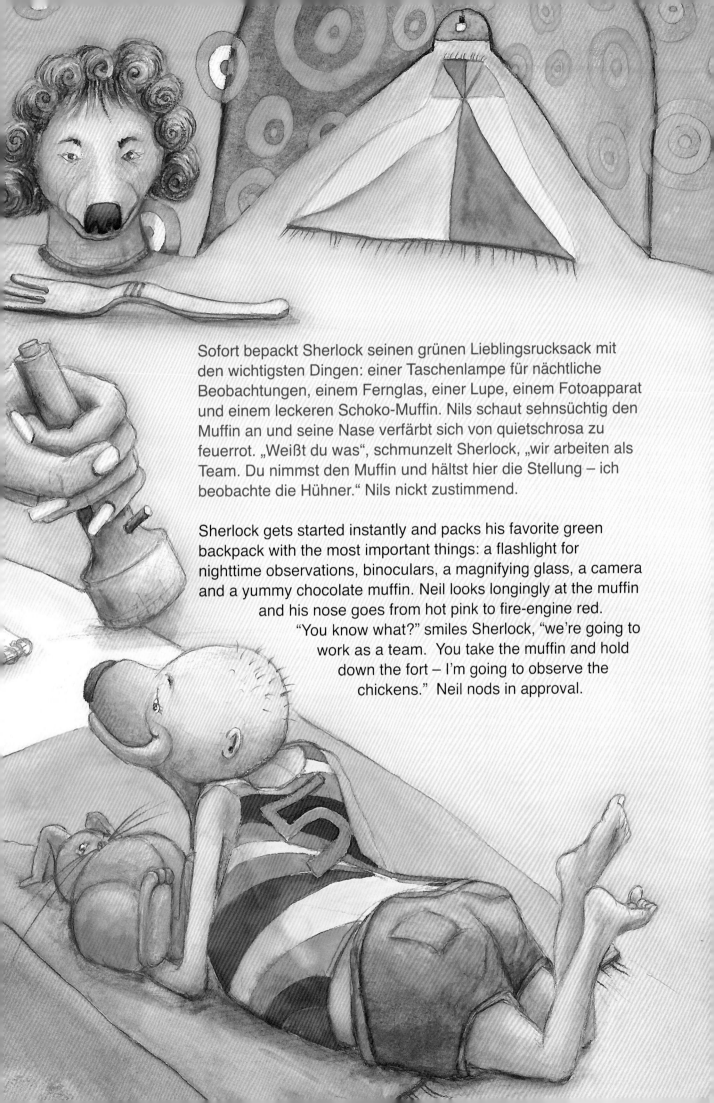

Sofort bepackt Sherlock seinen grünen Lieblingsrucksack mit den wichtigsten Dingen: einer Taschenlampe für nächtliche Beobachtungen, einem Fernglas, einer Lupe, einem Fotoapparat und einem leckeren Schoko-Muffin. Nils schaut sehnsüchtig den Muffin an und seine Nase verfärbt sich von quietschrosa zu feuerrot. „Weißt du was", schmunzelt Sherlock, „wir arbeiten als Team. Du nimmst den Muffin und hältst hier die Stellung – ich beobachte die Hühner." Nils nickt zustimmend.

Sherlock gets started instantly and packs his favorite green backpack with the most important things: a flashlight for nighttime observations, binoculars, a magnifying glass, a camera and a yummy chocolate muffin. Neil looks longingly at the muffin and his nose goes from hot pink to fire-engine red. "You know what?" smiles Sherlock, "we're going to work as a team. You take the muffin and hold down the fort – I'm going to observe the chickens." Neil nods in approval.

Sherlock schiebt sich durch die engen, unterirdischen Gänge und klettert schließlich gut gelaunt aus seinem Maulwurf-haus heraus.Plötzlich hört er ein lautes Grunzen hinter sich. Es ist Lisa, das gepunktete Schwein. Sie schmatzt neugierig: „Wo willst du denn hin?" Sherlock flüstert leise: „Nun, ich möchte die Hühner beobachten, um herauszufinden, wie sie Pipi machen." Lisa reißt interessiert ihre Augen auf: „Du findest sie vielleicht im Gemüsegarten. Ich drücke dir die Daumen!"

Sherlock squeezes through the tight, underground passages and eventually climbs good-humored out of his mole hole. Suddenly he hears a loud grunt behind him. It's Lisa, the spotted pig. She smacks with curiosity: "Where are you going?" Sherlock whispers quietly: "Well, I want to observe the chickens to find out how they go pee." Lisa's eyes open wide with great interest: "You might find them in the vegetable garden. I'll keep my fingers crossed."

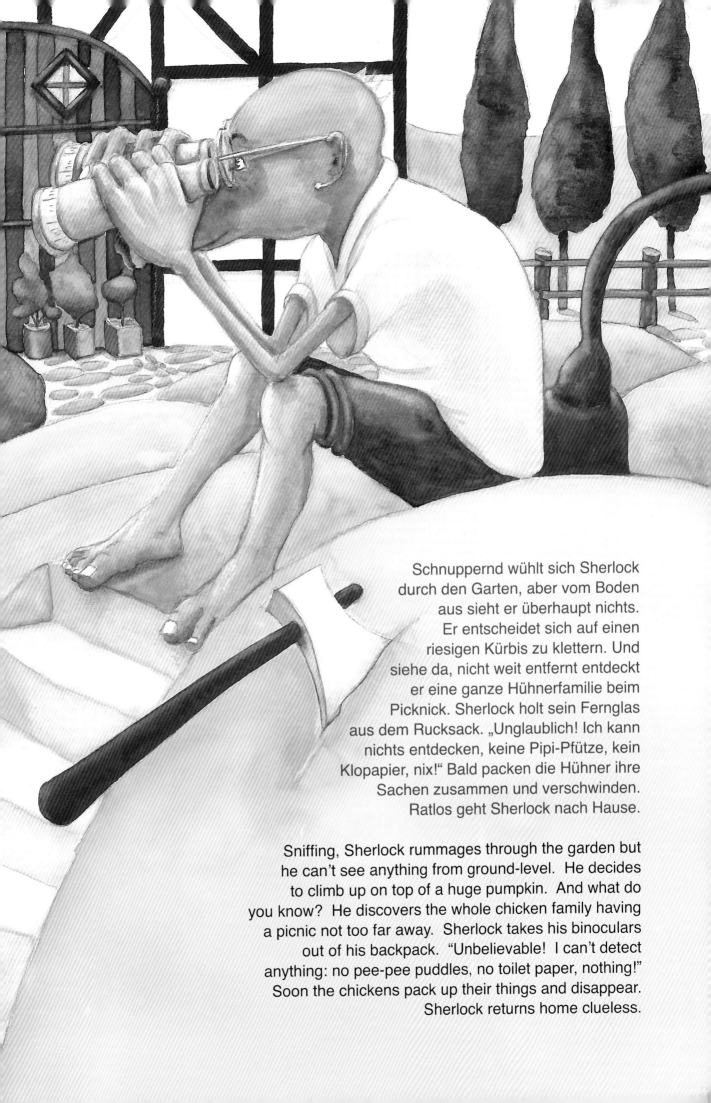

Schnuppernd wühlt sich Sherlock durch den Garten, aber vom Boden aus sieht er überhaupt nichts. Er entscheidet sich auf einen riesigen Kürbis zu klettern. Und siehe da, nicht weit entfernt entdeckt er eine ganze Hühnerfamilie beim Picknick. Sherlock holt sein Fernglas aus dem Rucksack. „Unglaublich! Ich kann nichts entdecken, keine Pipi-Pfütze, kein Klopapier, nix!" Bald packen die Hühner ihre Sachen zusammen und verschwinden. Ratlos geht Sherlock nach Hause.

Sniffing, Sherlock rummages through the garden but he can't see anything from ground-level. He decides to climb up on top of a huge pumpkin. And what do you know? He discovers the whole chicken family having a picnic not too far away. Sherlock takes his binoculars out of his backpack. "Unbelievable! I can't detect anything: no pee-pee puddles, no toilet paper, nothing!" Soon the chickens pack up their things and disappear. Sherlock returns home clueless.

„Verflixt, so einfach ist es wohl doch nicht!", sagt Sherlock müde. „Ich brauche eine bessere Idee." Nils hüpft auf dem Bett herum und jubelt: „Ich habe dir ein Hühnerkostüm gebastelt – so kannst du dich bei den Hühnern einschleichen. Oder du könntest dich als Reporter verkleiden und die Tiere auf dem Bauernhof befragen. Vielleicht wissen die, wie Hühner pinkeln." „Nils, du bist der beste Assistent, den man sich wünschen kann!", sagt Sherlock stolz. „Genauso werde ich es machen!"

"Darn it, it's not going to be so easy after all!" says Sherlock tired. "I need a better idea." Neil hops up and down on the bed and cries: "I made you a chicken costume, so you can sneak in among the chickens. Or you could dress up as a reporter and question the other animals on the farm. Maybe they know how chickens pee." "Neil, you're the best assistant a detective could hope for!" says Sherlock with pride. "That's exactly what I'll do!"

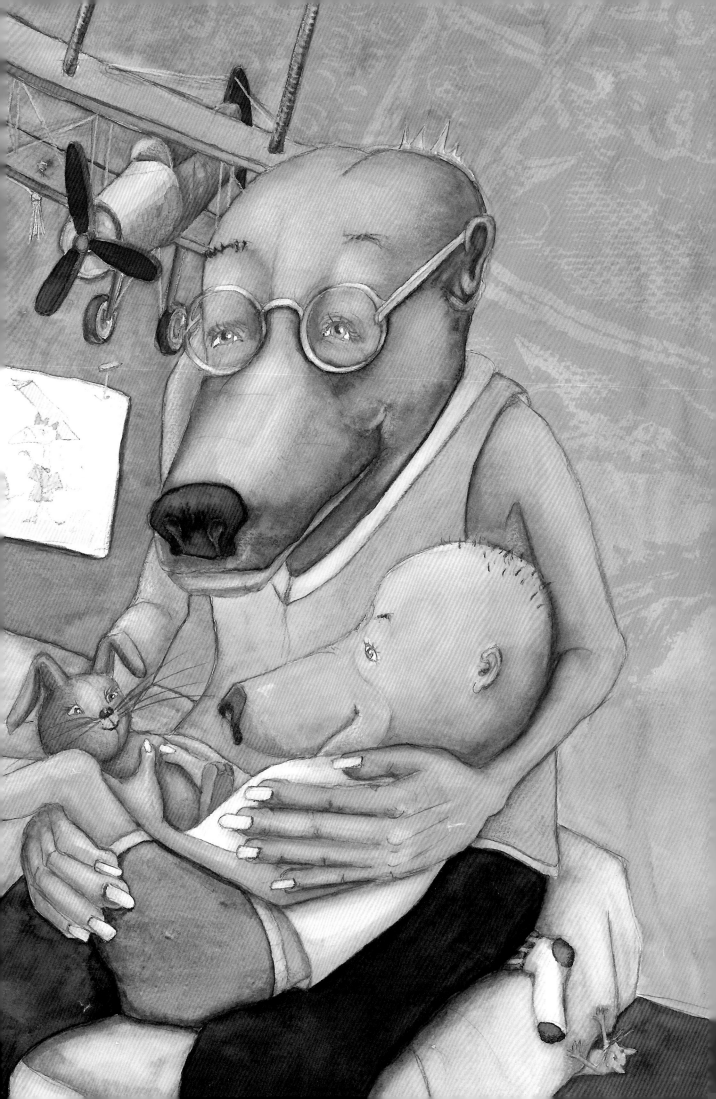

Am nächsten Morgen trifft Sherlock auf Rocco, Bauer Rudis Hof-
hund. Mit einer blonden Perücke und einem angeklebten Lakritz-
Schnurrbart hält Sherlock Rocco mutig sein Mikrofon entgegen.
„Kannst du mir etwas über Hühner erzählen?", fragt er. Rocco
grinst fies und antwortet: „Ja, sie schmecken ganz lecker!"
Sherlock will auf gar keinen Fall als Roccos Frühstück enden:
Maulwurfschnitzel mit Lakritzbeilage. Also kommt er schnell zur
Sache: „Ich bin Sherlock, Reporter von Beruf. Ich will heraus-
finden, wie die Hühner Pipi machen." Auf einmal verschwindet
Roccos Appetit. „Tja", sagt er gelangweilt, „vielleicht hat Bauer
Rudi ihnen eine Toilette gebaut. Schau doch mal im Hühnerhaus
nach."

The next morning, Sherlock comes upon Rocky, Farmer Rudy's
dog. With a blond wig and a glued-on licorice mustache,
Sherlock bravely holds his microphone up to Rocky. "Can you
tell me anything about chickens?" he asks. A nasty smile comes
across Rocky's face and he answers: "yeah, they taste great!"
Sherlock definitely doesn't want to end up as Rocky's breakfast:
mole with a side of licorice. So he gets right to the point: "I'm
Sherlock, professional reporter. I want to find out how chickens
go pee." Suddenly Rocky loses his appetite. "Well," he says
bored, "maybe Farmer Rudy built them a toilet. Take a look in
the chicken coop."

Auf dem Weg zum Hühnerhaus bleibt Sherlock stehen. Jetzt ist der richtige Moment, um sich als Huhn zu verkleiden. Er zieht das Federkostüm aus dem Rucksack, schlüpft hinein und bindet sich den Pappschnabel vor. „Das steht mir richtig gut!", ruft er seinem Spiegelbild zu. Dann sieht er zufällig, wie hinten im Garten zwei junge Hähne, nämlich Tröte und Kiki, Limos trinken. „Super!", grinst Sherlock, „Wenn man etwas trinkt, muss man irgendwann auch mal Pipi machen."

On the way to the chicken coop, Sherlock stops in his tracks. Now is just the moment to get dressed-up like a chicken. He pulls the feathered costume out of his backpack, slips into it and ties the paper beak on. "That looks really good!" he says to his reflection. Then he happens to see two young roosters, Cocker and Doodle, drinking sodas back in the garden. "Great!" smiles Sherlock. "If they're drinking something, they'll have to go pee sooner or later."

Kurz darauf schlendern Kiki und Tröte an ihm vorbei. Und dann, genau in der Straßen-kurve, hält Tröte an. Für einen kurzen Moment macht er sich etwas kleiner und wandert anschließend mit Kiki weiter. Aufgeregt rennt Sherlock zu der Stelle und nimmt den Boden genauestens unter die Lupe. Er findet jedoch nur einen stinkenden Klecks – einen frisch dampfenden Hühnerhaufen!

Shortly thereafter, Doodle and Cocker stroll past him. And then, just at the curve in the road, Cocker stops. He squats down for a brief moment, and then he continues on his way with Doodle. Excited, Sherlock runs over and inspects the ground carefully with his magnifying glass. But he only finds a stinking pile – of fresh, steaming, chicken poop!

Inzwischen strömen aus allen Himmelsrichtungen die Hühner zusammen. Bevor es dunkel wird, will jeder im Hühnerhaus einen gemütlichen Platz zum Schlafen ergattern. Sie drängeln hastig die Treppe empor. Dabei gibt irgendein unverschämtes Huhn Sherlock einen kräftigen Schubs. Er rutscht aus und fällt genau auf seinen Pappschnabel! Auweia – nun ist da ein dicker Knick! „He, nicht so drängeln!", schimpft er.

In the meantime, the chickens start gathering together from all directions. Each of them wants to get a comfortable spot to sleep in in the chicken coop before it gets dark. They push and shove their way up the ladder. One particularly rude chicken gives Sherlock a good shove. He slips and falls right on his paper beak. Oh, man – now there's a big dent in it! "Hey, stop shoving!" he scolds.

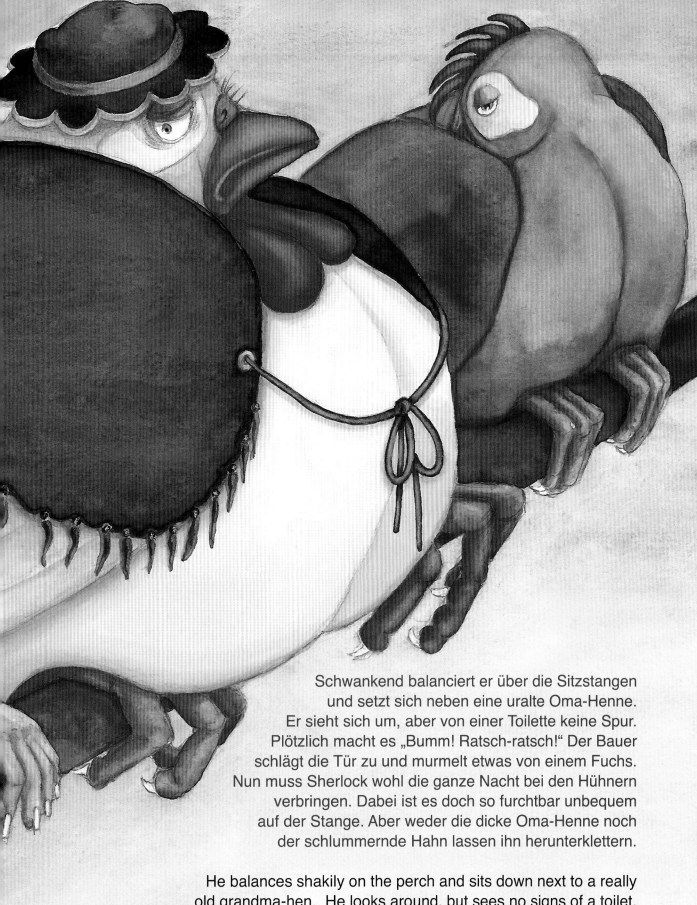

Schwankend balanciert er über die Sitzstangen
und setzt sich neben eine uralte Oma-Henne.
Er sieht sich um, aber von einer Toilette keine Spur.
Plötzlich macht es „Bumm! Ratsch-ratsch!" Der Bauer
schlägt die Tür zu und murmelt etwas von einem Fuchs.
Nun muss Sherlock wohl die ganze Nacht bei den Hühnern
verbringen. Dabei ist es doch so furchtbar unbequem
auf der Stange. Aber weder die dicke Oma-Henne noch
der schlummernde Hahn lassen ihn herunterklettern.

He balances shakily on the perch and sits down next to a really
old grandma-hen. He looks around, but sees no signs of a toilet.
Suddenly he hears a "Bam! Ratch-ratch!" The farmer slams the
door shut and mumbles something about a fox. Now Sherlock
will have to spend the whole night with the chickens. And it's so
terribly uncomfortable on the perch. But neither the fat
grandma-hen nor the dozing rooster let him climb down.

„So habe ich mir das nicht vorgestellt", stöhnt Sherlock. „Ich kann hier nicht die ganze Nacht sitzen." Er seufzt und lässt sich einfach in die Tiefe plumpsen. Zum Glück landet er sicher auf einem weichen Strohberg. Dann macht es laut „Platsch" neben ihm. Irgendein Huhn hat ihn fast getroffen, einfach von oben herunter gekäckelt! Da kommt ihm ein Gedanke! Er wird einfach behaupten...

"This is not exactly how I imagined it," moans Sherlock. "I can't just sit here the whole night long." He sighs and lets himself fall to the ground. Luckily he lands safely on a soft pile of straw. Then he hears a "splat" right next to him. Some hen almost hit him – just pooped down from up above! That gives him an idea! He'll simply claim...

„Wer von euch hat ohne zu gucken auf meinen Kopf gepinkelt?" Die Hühner schrecken aus ihrem Schlaf hoch. Unruhig rücken sie hin und her, aber keines sagt ein Wort! „Ich möchte eine Entschuldigung hören!", sagt Sherlock streng. Ängstlich antwortet der alte Oberhahn Willi Schreihals: „Es muss ein Fremder unter uns sein! Wir pinkeln doch gar nicht, wir käckeln ja nur!" Dann überlegt Schreihals für einen Moment und kreischt entsetzt: „Das ist bestimmt der Fuchs!"

"Which one of you went pee on my head without even looking?" The chickens startle out of their sleep. Nervously they move from side to side, but no one says a word! "I want to hear an apology!" says Sherlock sternly. Fearfully the old rooster chief Willy Squawker answers: "There must be a stranger among us! We don't go pee, we only poop!" The Squawker thinks for a moment, is horrified and screeches: "It must be the fox!"

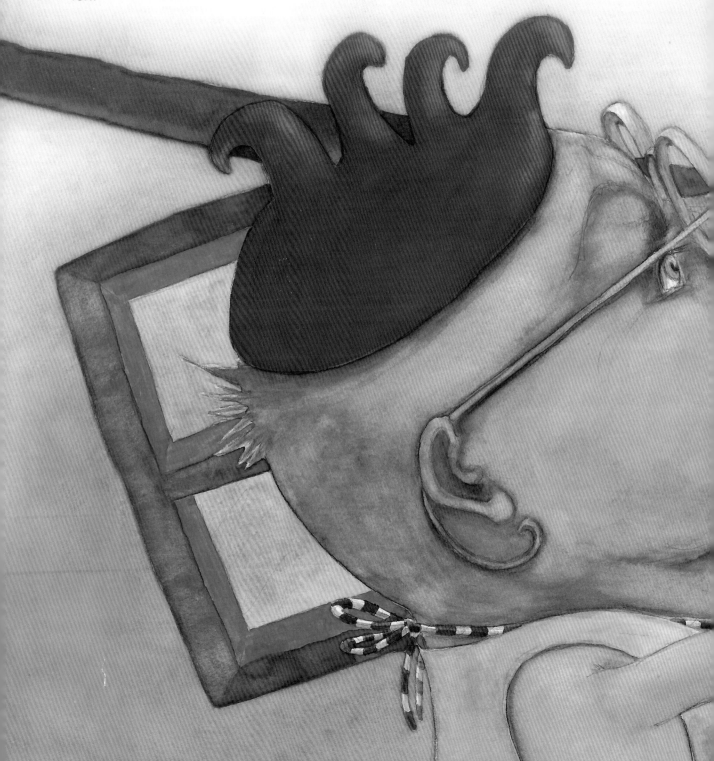

Kein Huhn will vom Fuchs gefressen werden! Sie gackern und flattern vor Aufregung. Als die Oma-Henne auch noch von der Stange kippt, ist es um alle geschehen. Ein furchtbares Durcheinander bricht aus. Sofort kommt Bauer Rudi mit einem Besen angelaufen, öffnet die Tür und brüllt: „Wo ist der Fuchs? Dem werde ich es zeigen!" Was hat Sherlock da nur angerichtet? Vorsichtig schleicht er an Rudi vorbei und rennt schnellstens durch die Nacht nach Hause.

No chicken wants to be eaten by a fox! They squawk and flutter around full of fear. When the grandma-hen also falls from the perch, it's all over. A terrible chaos breaks out. Farmer Rudy quickly comes running with a broom in his hand, opens the door and yells: "Where is the fox? I'll show him!" What has Sherlock done? Carefully he sneaks past Rudy and runs home as quickly as he can through the night.

Völlig erschöpft poltert Sherlock die
Leiter herunter. Nils wartet schon
ungeduldig auf ihn: „Sag' schon,
wie pinkeln denn nun die Hühner?"
Sherlock schüttelt selbst überrascht den
Kopf und lacht: „Das Geheimnis ist: Die
Hühner können überhaupt nicht pinkeln,
die machen nur feuchte Haufen! Ich kann
dir sagen, das war ganz schön schwierig
herauszufinden. Aber ich gebe ja nie auf,
deswegen bin ich so ein berühmter
Detektiv – und nun habe ich auch noch
einen fantastischen Assistenten!"

Totally exhausted, Sherlock stumbles down
the ladder. Neil is waiting impatiently for him:
"So tell me already: how do chickens pee?"
Sherlock shakes his head in surprise and laughs,
"The secret is: chickens can't pee at all, they just
leave wet piles of poop! I'll tell you, though, it was
really hard to figure that out. But I never give up
and that's why I'm such a famous detective.
And now I have a fantastic assistant, too!"

Wie pinkelt eigentlich ein Huhn?

ist in folgenden Buch-Ausgaben erhältlich:

Deutsch-Englisch:
ISBN 978-3-938735-58-9

Deutsch-Französisch:
ISBN 978-3-938735-59-6

Deutsch-Griechisch:
ISBN 978-3-938735-60-2

Deutsch-Italienisch:
ISBN 978-3-938735-61-9

Deutsch-Russisch:
ISBN 978-3-938735-62-6

Deutsch-Spanisch:
ISBN 978-3-938735-63-3

Deutsch-Türkisch:
ISBN 978-3-938735-64-0

In Kooperation mit dem NordSüdVerlag:

Marcus Pfister:
Der Regenbogen-fisch entdeckt die Tiefsee

Hardcover, farbig illustriert, 21,5 x 28,7 cm, 32 Seiten, mit MP3-Hörbuch in acht Sprachen zum Downloaden, ab vier Jahren

Helga Bansch:
Lisa will einen Hund

Hardcover, farbig illustriert, 22 x 29 cm, 32 Seiten, mit MP3-Hörbuch in acht Sprachen zum Downloaden, ab vier Jahren

Deutsch-Englisch
(ISBN 978-3-314-01711-7)

Deutsch-Französisch
(ISBN 978-3-314-01715-5)

Deutsch-Griechisch
(ISBN 978-3-314-01716-2)

Deutsch-Italienisch
(ISBN 978-3-314-01714-8)

Deutsch-Russisch
(ISBN 978-3-314-01713-1)

Deutsch-Spanisch
(ISBN 978-3-314-01712-4)

Deutsch-Türkisch
(ISBN 978-3-314-01710-0)

Deutsch-Englisch
(ISBN 978-3-314-01782-7)

Deutsch-Französisch
(ISBN 978-3-314-01786-5)

Deutsch-Griechisch
(ISBN 978-3-314-01787-2)

Deutsch-Italienisch
(ISBN 978-3-314-01785-8)

Deutsch-Russisch
(ISBN 978-3-314-01784-1)

Deutsch-Spanisch
(ISBN 978-3-314-01783-4)

Deutsch-Türkisch
(ISBN 978-3-314-01781-0)

Diese Bücher werden vom NordSüdVerlag vertrieben

Heljä Albersdörfer:
Reise in die Zauberwelt

Hardcover, farbig illustriert, 21 x 28 cm, 28 Seiten, mit Anziehpuppe und vielen Kleidern zum Ausschneiden, ab vier Jahren

Deutsch-Englisch	(ISBN 978-3-938735-11-4)
Deutsch-Französisch	(ISBN 978-3-938735-12-1)
Deutsch-Griechisch	(ISBN 978-3-938735-13-8)
Deutsch-Italienisch	(ISBN 978-3-938735-14-5)
Deutsch-Spanisch	(ISBN 978-3-938735-16-9)
Deutsch-Türkisch	(ISBN 978-3-938735-15-2)

Antonella Abbatiello:
Das Aller-wichtigste

Hardcover, farbig illustriert, 21 x 21 cm, 28 Seiten + 10 Ausklappseiten, mit Hör-CD in acht acht Sprachen, ab drei Jahren

Deutsch-Englisch	(ISBN 978-3-938735-37-4)
Deutsch-Französisch	(ISBN 978-3-938735-38-1)
Deutsch-Griechisch	(ISBN 978-3-938735-39-8)
Deutsch-Italienisch	(ISBN 978-3-938735-40-4)
Deutsch-Russisch	(ISBN 978-3-938735-41-1)
Deutsch-Spanisch	(ISBN 978-3-938735-42-8)
Deutsch-Türkisch	(ISBN 978-3-938735-43-5)

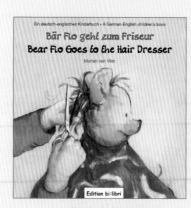

Marian van Vliet:
Bär Flo geht zum Friseur

Hardcover, farbig illustriert, 20 x 20 cm, 24 Seiten, mit Motiven zum Ausmalen, ab zwei Jahren

Deutsch-Englisch	(ISBN 978-3-938735-30-5)
Deutsch-Französisch	(ISBN 978-3-938735-31-2)
Deutsch-Griechisch	(ISBN 978-3-938735-32-9)
Deutsch-Italienisch	(ISBN 978-3-938735-33-6)
Deutsch-Russisch	(ISBN 978-3-938735-34-3)
Deutsch-Spanisch	(ISBN 978-3-938735-35-0)
Deutsch-Türkisch	(ISBN 978-3-938735-36-7)

Heljä Albersdörfer:

Rund um mein Haus

"Bilibrini"-Softcover,
farbig illustriert,
15,5 x 20 cm,
16 Seiten,
ab zwei Jahren

Deutsch-Englisch	(ISBN 978-3-938735-23-7)
Deutsch-Französisch	(ISBN 978-3-938735-24-4)
Deutsch-Griechisch	(ISBN 978-3-938735-25-1)
Deutsch-Italienisch	(ISBN 978-3-938735-26-8)
Deutsch-Russisch	(ISBN 978-3-938735-27-5)
Deutsch-Spanisch	(ISBN 978-3-938735-28-2)
Deutsch-Türkisch	(ISBN 978-3-938735-29-9)

SusanneBöse/Bettina Reich:

So bunt ist meine Welt

"Bilibrini"-Softcover,
farbig illustriert,
15,5 x 20 cm,
16 Seiten,
ab zwei Jahren

Deutsch-Englisch	(ISBN 978-3-938735-51-0)
Deutsch-Französisch	(ISBN 978-3-938735-52-7)
Deutsch-Griechisch	(ISBN 978-3-938735-53-4)
Deutsch-Italienisch	(ISBN 978-3-938735-54-1)
Deutsch-Russisch	(ISBN 978-3-938735-55-8)
Deutsch-Spanisch	(ISBN 978-3-938735-56-5)
Deutsch-Türkisch	(ISBN 978-3-938735-57-2)

Dagmar Bangert/
Sibylle Hammer:

Der Kater Karl und der Punktehund

Hardcover,
farbig illustriert,
21 x 21 cm,
28 Seiten, mit
Aufklebern,
ab drei Jahren

Deutsch-Englisch	(ISBN 978-3-938735-17-6)
Deutsch-Französisch	(ISBN 978-3-938735-18-3)
Deutsch-Griechisch	(ISBN 978-3-938735-19-0)
Deutsch-Italienisch	(ISBN 978-3-938735-20-6)
Deutsch-Spanisch	(ISBN 978-3-938735-21-3)
Deutsch-Türkisch	(ISBN 978-3-938735-22-0)

Sibylle Hammer:

Arthur und Anton

Hardcover, farbig illustriert,
22 x 28 cm,
24 Seiten,
mit Hör-CD in sechs Sprachen,
ab fünf Jahren

Deutsch-Englisch	(ISBN 978-3-938735-00-8)
Deutsch-Französisch	(ISBN 978-3-938735-01-5)
Deutsch-Griechisch	(ISBN 978-3-938735-02-2)
Deutsch-Italienisch	(ISBN 978-3-938735-03-9)
Deutsch-Türkisch	(ISBN 978-3-938735-04-6)

Heike Hengstler:

Wer ruft denn da?

Hardcover, farbig illustriert,
21 x 21 cm,
24 Seiten, mit Hör-CD in vier Sprachen, ab zwei Jahren

Viersprachige Ausgabe (Dt.-Engl.-Frz.-Türk.)
(ISBN 978-3-938735-10-7)

Neu:

Sibylle Hammer:

Tims Traum

Hardcover, farbig illustriert, 29 x 21 cm, 28 Seiten, mit
Hör-CD in fünf Sprachen und Monsterlied von Betty Legler,
ab fünf Jahren

Deutsch-Englisch	(ISBN 978-3-938735-44-2)
Deutsch-Französisch	(ISBN 978-3-938735-45-9)
Deutsch-Griechisch	(ISBN 978-3-938735-46-6)
Deutsch-Italienisch	(ISBN 978-3-938735-47-3)
Deutsch-Russisch	(ISBN 978-3-938735-48-0)
Deutsch-Spanisch	(ISBN 978-3-938735-49-7)
Deutsch-Türkisch	(ISBN 978-3-938735-50-3)

Auf dem Bauernhof   On the Farm

der Bauer	farmer
der Maulwurf	mole
das Huhn / die Hühner	chicken / chickens
der Hahn	rooster
die Henne	hen
der Hund	dog
die Katze	cat
der Fuchs	fox
das Schwein	pig
die Tiere (pl)	animals
der Gemüsegarten	vegetable garden
der Kürbis	pumpkin
das Hühnerhaus	chicken coop
die Sitzstange	perch
das Stroh	straw
der Besen	broom

Die Arbeit des Detektivs   A Detective's Work

der Detektiv	detective
der Rucksack	backpack
die Taschenlampe	flashlight
die Beobachtung	observation
das Fernglas	binoculars
die Lupe	magnifying glass
der Fotoapparat	camera
das Kostüm	costume
die Perücke	wig
der Schnurrbart	moustache
der Assistent	assistent
das Mikrofon	microphone
der Fall	case
beobachten	to observe
entdecken	to detect, to discover
die Stellung halten	to hold down the fort
sich verkleiden	to get dressed-up like...
sich einschleichen	to sneak in
befragen	to question